SMALL HAND
BIG WORLD

★ 编写编委会 ★

编 著

宋 茜　陈洪娟　杨 眉　付 杨

参 编

周述芳　向三军　程思源　王俊璐

李双玲　邓皓峰　何思蓓

小手 大世界

泡小天府创客校本课程

四川大学出版社

项目策划：蒋　玙
责任编辑：蒋　玙
责任校对：唐　飞
封面设计：成都市泡桐树小学（天府校区）
责任印制：王　炜

图书在版编目（CIP）数据

小手　大世界 / 宋茜等编著 . — 成都：四川大学出版社，2021.6
ISBN 978-7-5690-4731-8

Ⅰ . ①小… Ⅱ . ①宋… Ⅲ . ①科学知识-教案（教育）-小学 Ⅳ . ① G623.62

中国版本图书馆 CIP 数据核字（2021）第 097164 号

书　名	小手 大世界
	XIAOSHOU DASHIJIE
编　著	宋　茜　陈洪娟　杨　眉　付　杨
出　版	四川大学出版社
地　址	成都市一环路南一段 24 号（610065）
发　行	四川大学出版社
书　号	ISBN 978-7-5690-4731-8
印前制作	墨创文化
印　刷	四川盛图彩色印刷有限公司
成品尺寸	170mm×240mm
印　张	6.5
字　数	93 千字
版　次	2021 年 6 月第 1 版
印　次	2021 年 6 月第 1 次印刷
定　价	59.00 元

版权所有 ◆ 侵权必究

◆ 读者邮购本书，请与本社发行科联系。
　电话：(028)85408408/(028)85401670/
　(028)86408023　邮政编码：610065
◆ 本社图书如有印装质量问题，请寄回出版社调换。
◆ 网址：http://press.scu.edu.cn

四川大学出版社
微信公众号

目录 CONTENTS

机械手臂	……	01
创意贺卡	……	05
挑战棉花糖	……	09
舌尖上的成都	……	13
水火箭	……	18
飞船着陆	……	23
空气炮	……	28
消噪小车	……	32
快递薯片	……	37
百变魔法衣	……	43

CONTENTS

玩转全息投影 …………………… 48

简易电灯 ………………………… 53

巧用导电笔 ……………………… 59

萝卜塔 …………………………… 64

小球争高 ………………………… 68

创意建桥 ………………………… 73

下雨报警器 ……………………… 77

任务选择器 ……………………… 81

创意音乐盒 ……………………… 85

智能台灯 ………………………… 90

拆弹专家 ………………………… 95

小手大世界
SMALL HAND BIG WORLD
泡小天府创客校本课程

机械手臂

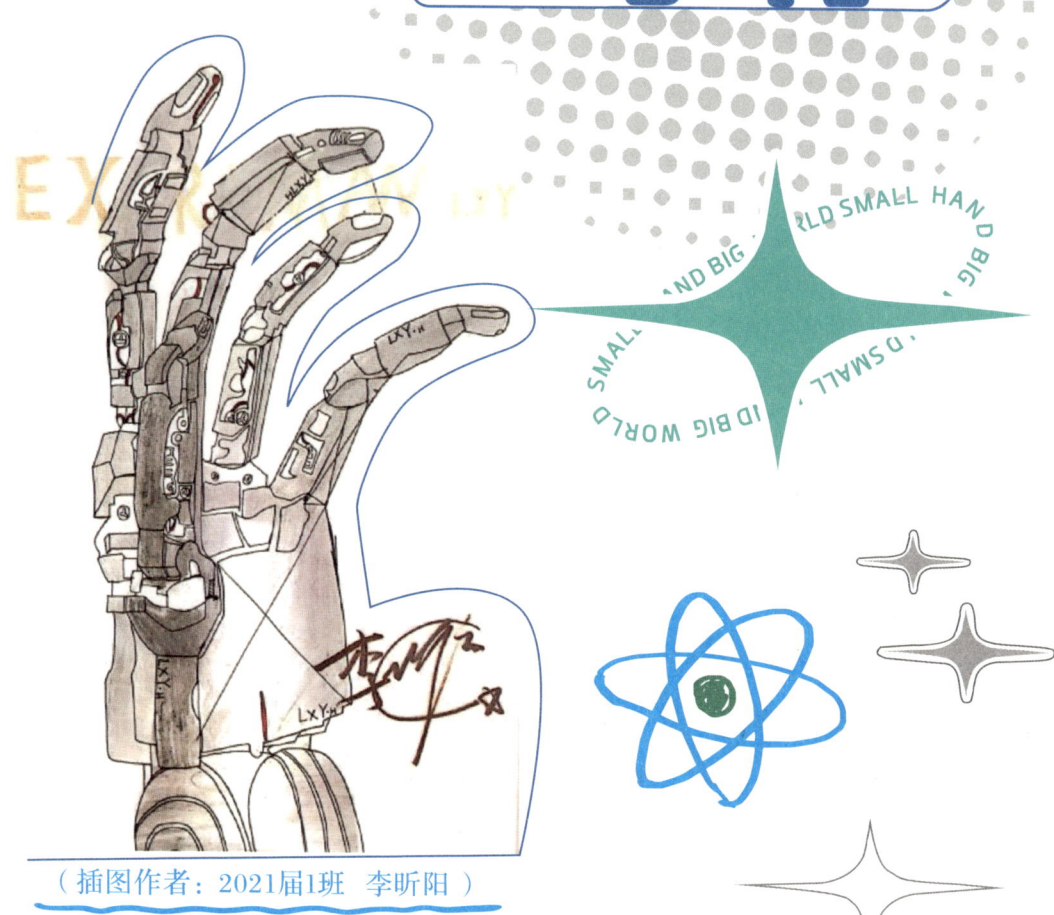

（插图作者：2021届1班 李昕阳）

一、我的任务

1. 制作一个机械手臂，人可以很方便地控制它的开合。
2. 成立团队

队长		队员2	
队员1		队员3	

二、我需要的知识

1. 机械手臂

一种能模仿人手和臂的某些动作功能的机械装置。

2. 机械手臂的结构原理

前面的抓手做成夹子一样，确保可以开合；后面的部分主要利用菱形结构实现伸缩功能，同时还可以控制抓手的开合。

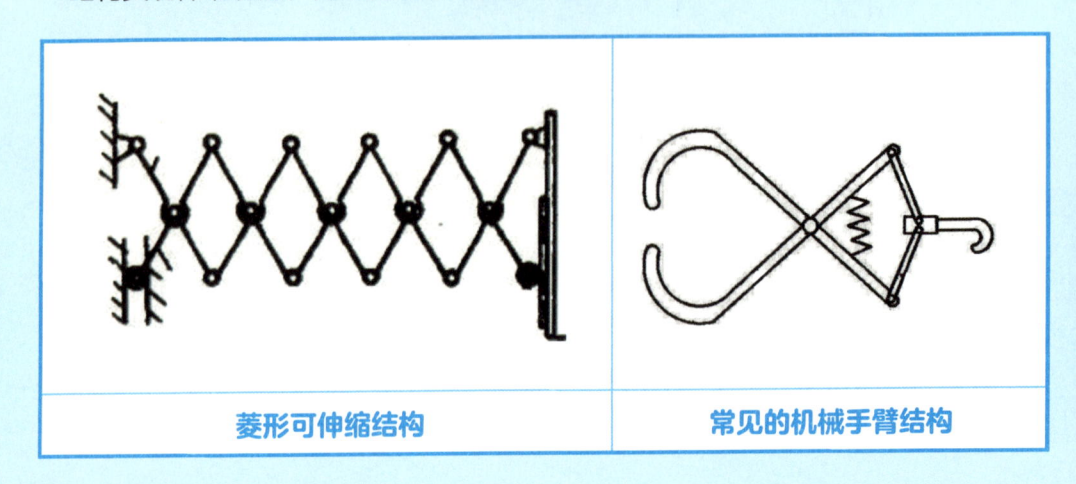

菱形可伸缩结构	常见的机械手臂结构

三、我的任务分析表

队长组织队员，结合已准备的材料，一起讨论、设计作品，并绘制出机械手臂的设计图，标出每个部件的名称和作用。

四、准备材料，根据设计图逐步制作

材料清单

教师	瓦楞纸板、硅胶软管（口径4毫米）、热熔胶、502胶水、注射器（30毫升,不要针筒）、扎带、水果签（竹签，6厘米以上）、美工刀
学生	水彩笔

五、我的测试计划

测试表
抓取物品是否成功

第1次	成功☐	失败☐
第2次	成功☐	失败☐
第3次	成功☐	失败☐

六、我想分享交流

1. 请作品最优秀的前三组同学进行展示。
2. 其余同学补充（我有补充、我有疑问、我有建议）。

七、我要总结和改进一下

1. 我觉得，我们作品的优点有＿＿＿＿＿＿＿＿＿＿＿＿＿＿＿＿＿＿＿，
缺点有＿＿＿＿＿＿＿＿＿＿＿＿＿＿＿＿＿＿＿＿＿＿＿＿＿＿＿＿＿。
2. 借鉴同学的作品，结合同学的建议，我们计划做一些改进：
＿＿＿＿＿＿＿＿＿＿＿＿＿＿＿＿＿＿＿＿＿＿＿＿＿＿＿＿＿＿。

八、拓展任务

1. 调查生活中还有哪些地方运用到机械手臂。
2. 制作一个可以抓取并抬升重物的机械手臂。

小手大世界

SMALL
HAND
BIG
WORLD

泡小天府创客校本课程

创意贺卡

贺卡　创意

（插图作者：2022届6班 侯贝兮）

PAGE 05

一、我的任务

设计制作创意贺卡

每逢佳节，人们习惯送给朋友一些贺卡，但大多数购买的贺卡都不能准确地表达自己对朋友的情意。今天，我们就来自己动手，制作一张创意贺卡，以准确地表达自己的感情吧！

二、我需要的知识

1. 纽扣电池

也称为扣式电池，是指外形像一颗小纽扣的电池，有正、负极之分。

2. 导体

能够导电的物体，如大多数金属。

3. 绝缘体

不容易导电的物体，如木头、橡胶等。

4. 电路

由金属导线和电子部件组成的导电回路。形成一个完整的、闭合的电路，小灯泡会发光。

5. 发光二极管

具有单向导电性，要注意正、负极的连接。

6. 开关

可以使电路开路、使电流中断或流到其他电路的电子元件。

7. 简单电路

由电池、用电器、开关及导线组成的电路。

三、我的任务分析表

队长组织队员，结合已准备的材料，一起讨论、设计作品，并绘制出创意贺卡的设计图，标出每个部件的名称和作用。

四、准备材料，根据设计图，逐步制作

材料清单

学生	纽扣电池（5伏特）、回形针、铜箔、胶带、发光二极管、卡纸、水彩笔（荧光笔）、剪刀

五、我的测试计划

评价表

创意表达	☆☆☆☆☆
美观度	☆☆☆☆☆
功能实现	☆☆☆☆☆
小组分工合作	☆☆☆☆☆

六、我想分享交流

1. 请作品最优秀的前三组同学进行展示。
2. 其余同学补充（我有补充、我有疑问、我有建议）。

七、我要总结和改进一下

1. 我觉得，我们作品的优点有＿＿＿＿＿＿＿＿＿＿＿＿＿＿＿＿＿＿＿＿＿，缺点有＿＿＿＿＿＿＿＿＿＿＿＿＿＿＿＿＿＿＿＿＿＿＿＿＿＿＿＿＿。

2. 借鉴同学的作品，结合同学的建议，我们计划做一些改进：＿＿＿＿＿＿＿＿＿＿＿＿＿＿＿＿＿＿＿＿＿＿＿＿＿＿＿＿＿＿＿＿。

八、拓展任务

1. 请选择一个节日，利用二极管等元件设计一款有创意的定制贺卡。
2. 请用课堂学习的电学知识和电学元件装饰一个你喜欢的玩具。

SMALL HAND BIG WORLD

小手大世界
泡小天府创客校本课程

挑战棉花糖

挑战棉花糖 candy floss

棉花糖模型→　←棉花糖

（插图作者：2021届9班 李源真）

一、我的任务

1. 棉花糖挑战

规则：20 分钟内合作制作一个面条框架，将棉花糖放在框架顶部，棉花糖位置最高的小组获胜。音量超标的小组没收 3 根面条，超时的小组取消比赛资格。

2. 成立团队

队长		队员2	
队员1		队员3	

二、我需要的知识

常见的结构

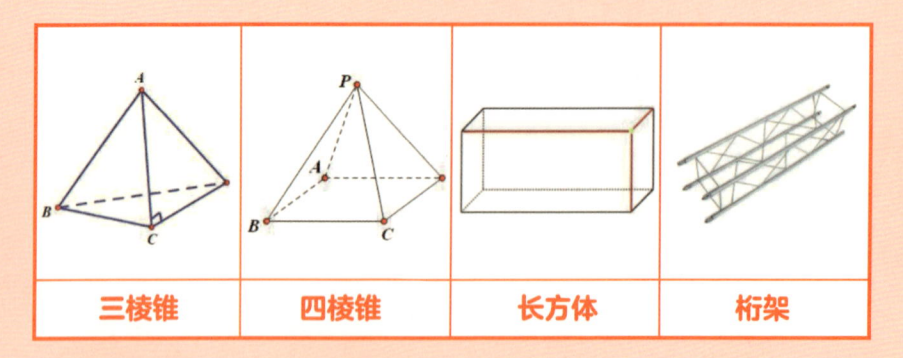

三棱锥	四棱锥	长方体	桁架

三棱锥 几何体，锥体的一种，由四个三角形组成，也称为四面体。它的四个面（一个叫底面，其余叫侧面）都是三角形。

四棱锥 由四个三角形和一个四边形构成的空间封闭图形。正四棱锥

的底面为正方形，四个三角形为全等三角形且是等腰三角形。

长方体　底面为长方形的直四棱柱（或上、下底面为长方形的直平行六面体）。

桁架　一种由杆件彼此在两端用铰链连接而成的结构。桁架由直杆组成，一般具有三角形单元的平面或空间结构。桁架杆件主要承受轴向拉力或压力，从而能充分利用材料的强度，当跨度较大时可比实腹梁节省材料，减轻自重和增大刚度。

三、我的任务分析表

队长组织队员，结合已准备的材料，一起讨论、设计结构，并绘制出棉花糖"登高"的设计图，标出每个部件的名称和作用。

四、准备材料，根据设计图逐步制作

材料清单

教师	意大利面 1 包、棉花糖 1 包、纸胶带 1 卷

五、我的测试计划

我们小组棉花糖的高度：_____厘米。

六、我想分享交流

1. 请设计载重能力最强的前三组同学进行展示。
2. 其余同学补充（我有补充、我有疑问、我有建议）。

七、我要总结和改进一下

1. 我觉得，我们作品的优点有_____，
缺点有_____。
2. 借鉴同学的作品，结合同学的建议，我们计划做一些改进：
_____。

八、拓展任务

1. 尝试搭更高的结构，比一比哪个小组的建筑最高。
2. 用一包意大利面做一个可以容纳最多棉花糖的框架。

小手大世界

SMALL HAND BIG WORLD

泡小天府创客校本课程

舌尖上的成都

舌尖上的成都

（插图作者：2020届3班 马爱雅）

一、我的任务

1. 设计和制作成都美食徽章

选择一种成都的代表性美食,设计成徽章,并用 3D 打印笔制作出来。

2. 成立团队

	姓名	分工
队长		
队员		

二、我需要的知识

1. 徽章

佩戴在身上用来表示身份、职业等的标志。根据制作工艺,徽章可分为烤漆徽章、仿珐琅徽章、冲压徽章和印刷徽章四种。

2. 美食的形状

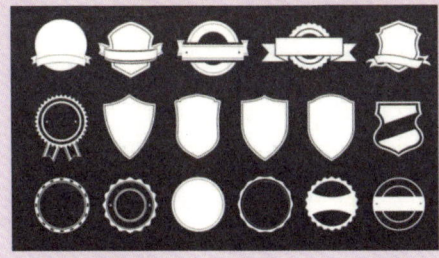

3. 3D打印笔使用注意事项

（1）输送耗材时，务必保证耗材前端平整，如遇耗材输送不畅，请退出，并修剪耗材前端，切勿蛮力输送。

（2）设备工作时，严禁用手触碰喷头或发热部件。

（3）如遇喷头堵塞，可以按压两侧黑色按钮取下笔头进行清理。

（4）若马达发出"咔、咔、咔"的声音，表明温度过低，应等待一下，待温度上升到指定温度后再使用。如耗材出现气泡，表明温度过高，请将温度调低3~8摄氏度。

三、我的任务分析表

队长组织队员，结合已准备的材料，一起讨论、设计徽章，并绘制出徽章的设计图，标出每个部件的名称和作用。

四、准备材料，根据设计图逐步制作

材料清单

学生	充电宝 1 个（充满电）、安全剪刀1把、铅笔、橡皮、彩色笔、A4 纸 2~5 张
教师	3D打印笔及物料

五、我的测试计划

评价表

表达创意的准确性	☆ ☆ ☆ ☆ ☆
美观度	☆ ☆ ☆ ☆ ☆
受欢迎度	☆ ☆ ☆ ☆ ☆

六、我想分享交流

1. 请综合得分最高的前三组同学进行全班展示。
2. 其余同学补充（我有补充、我有疑问、我有建议）。

七、我要总结和改进一下

1. 我觉得，我们作品的优点有_____，
缺点有_____。
2. 借鉴同学的作品，结合同学的建议，我们计划做一些改进：
_____。

八、拓展任务

1. 你认为 3D 打印还有哪些用途?
2. 设计一个立体的产品结构图，并用 3D 打印笔打印。

小手大世界

SMALL
HAND
BIG
WORLD

泡小天府创客校本课程

水火箭

水火箭

（插图作者：2022届12班 刘芳君）

一、我的任务

1. 制作一个至少可飞行20米远的水火箭。
2. 成立团队

队长		队员2	
队员1		队员3	

二、我需要的知识

1. 反冲力

气球中的气体喷出时，会产生一个和喷出方向相反的推力，这个力叫作反冲力。

2. 水火箭发射过程

发射前：向水火箭内加液体，用打气筒打气加压，并调整发射台角度。

发射瞬间：当瓶内气压达到临界值时，自动发射。

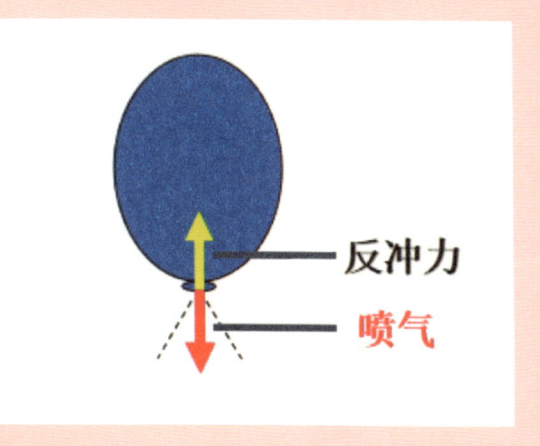

发射时：水火箭内的气压大于水火箭外的气压，巨大的气压差使瓶内的水向后喷射排出，产生了较大的反作用力，将水火箭向前快速地推进。

三、我的任务分析表

队长组织队员，结合已准备的材料，一起讨论、设计作品，并绘制出水火箭的设计图，标出每个部件的名称和作用。

四、准备材料，根据设计图逐步制作

材料清单

学生	可乐瓶、雪碧瓶、矿泉水瓶
教师	水火箭（水火箭箭身、发射架、发射开关）、打气筒、量筒、水、百米卷尺、安全灯、护目镜与安全衫

第一部分：水火箭支架装配

搭建火箭发射平台架。

1. 支撑杆固定：将支撑杆插入并打孔，在底座另一侧拧上螺帽。
2. 完成水火箭发射支撑架：将4根火箭支撑杆都固定在底座上。

第二部分：水火箭制作

拼装水火箭箭身。

1. 安装水火箭喷嘴：将螺纹喷嘴拧在水火箭尾部瓶口上。
2. 安装水火箭头：将火箭橡胶头套在水火箭头部。
3. 水火箭前、后舱拼接：将水火箭后部插入前部的开口处。

第三部分：水火箭发射

1. 设置安全线，避免水火箭发射时伤及周围的人。
2. 将规定量的液体倒入瓶中（每组规格完全相同），并将水火箭按照固定角度固定在发射台上。（保证水火箭发射条件基本相同）
3. 用打气筒给水火箭打气，当瓶内气压达到临界值时发射。
4. 测距，比较每组水火箭的飞行距离。

五、我的测试计划

测试表

水火箭运动距离（单位：米）

第1次	第2次	第3次

六、我想分享交流

1. 请作品最优秀的前三组同学进行展示。
2. 其余同学补充（我有补充、我有疑问、我有建议）。

七、我要总结和改进一下

1. 我觉得，我们作品的优点有_____，缺点有_____。
2. 借鉴同学的作品，结合同学的建议，我们计划做一些改进：_____。

八、拓展任务

1. 思考：在生活中，水火箭的原理还可以运用到哪些地方？
2. 了解火箭的发射原理。

小手大世界

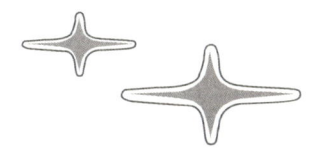

SMALL
HAND
BIG
WORLD

泡小天府创客校本课程

飞船着陆

（插图作者：2021届7班 吴雨桐）

PAGE 23

一、我的任务

1. 飞船飞行速度高达 2900 千米/小时，宇宙飞船着陆是一件十分艰巨的任务。飞船模型用杯子替代，杯子内部的三个绒球玩具代表宇航员。今天的任务是设计减震器，让飞船安全着陆，保证宇航员的安全。

2. 成立团队

主发言人	记录员	测试员1	测试员2

二、我需要的知识

1. 力
当一个物体接触另一个物体时，产生推或拉的力。当我们双手合十互推时，即产生力。

2. 重力
重力是吸引物体朝地心方向或朝其他物体运动的力。当苹果从树上掉落，重力使它掉落在地面。如果没有重力，所有物体，包括苹果，都将是漂浮的。

3. 运动
随着时间的变化，一个物体位置发生改变的过程称为运动。你可能听过牛顿第一定律：任何物体都要保持匀速直线运动或静止状态，直

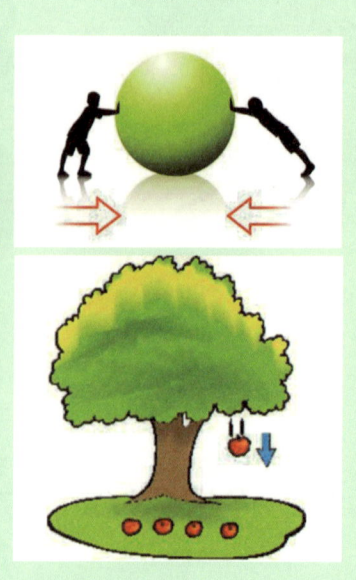

到外力迫使它改变运动状态为止。

4. 空气阻力

当物体下落时，会受到空气产生的阻力，使下落速度减慢。这是因为重力作用使物体向地面坠落，而空气阻力与重力作用方向相反，使物体下落速度变缓。

5. 减震器

减震器是一种装置，用来吸收机械或其他结构中产生的震动或脉冲。

三、我的任务分析表

队长组织队员，结合已准备的材料，一起讨论、设计作品，并绘制出飞船模型的设计图，标出每个部件的名称和作用。

四、准备材料，根据设计图逐步制作

材料清单（总预算：<1720元）

物品名称	价　格
方形纸板	500 元/块
方形泡沫板	500 元/块
泡沫板	250 元/块
小卡纸	100 元/张
吸管	75 元/支
小气球	100 元/个
大气球	150 元/个
橡皮筋	50 元/根
木棒	100 元/根
管道清洁条	25 元/根

费用表

预算	实际支出

五、我的测试计划

测试表

第1次	成功☐	失败☐
第2次	成功☐	失败☐
第3次	成功☐	失败☐
第4次	成功☐	失败☐
第5次	成功☐	失败☐

六、我想分享交流

1. 你的小组作品用了哪些器材？总共耗资多少？有没有超预算？
2. 第一次是怎么设计的？第二次是怎么设计的？为什么要这样改进？
3. 说一说你设计的作品中每一种材料有什么作用。
4. 你的小组有什么收获？

七、我要总结和改进一下

1. 我觉得，我们作品的优点有_____，缺点有_____。
2. 借鉴同学的作品，结合同学的建议，我们计划做一些改进：_____。

八、拓展任务

1. 说一说生活中还有哪些地方用到了减震结构。
2. 设计一种结构，能保护一枚生鸡蛋从二楼落下却不会摔破。

小手大世界
SMALL HAND BIG WORLD
泡小天府创客校本课程

空气炮

（插图作者：2020届5班 高熙颜）

空气炮

一、我的任务

1. 设计制作一个发射空气的装置，并用它来吹灭蜡烛。
2. 成立团队

队长		队员2	
队员1		队员3	

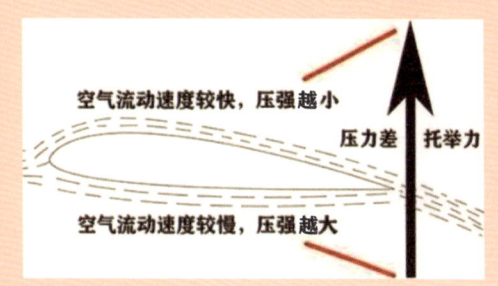

二、我需要的知识

伯努利原理

空气流动速度越快，压强越小；空气流动速度越慢，压强越大。

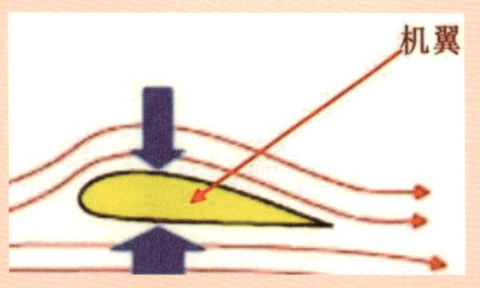

三、我的任务分析表

队长组织队员，结合已准备的材料，一起讨论、设计空气炮，并绘制出空气炮的设计图，标出每个部件的名称和作用。

四、准备材料，根据设计图逐步制作

材料清单

学生	纸杯3个、塑料袋1个（较厚）、拉杆夹1个、乒乓球2个（可做记号，避免和其他同学混淆）、橡皮筋不少于10个、吸管3支、纸2张、剪刀、蜡烛1支、火柴1盒

五、我的测试计划

测试表
能否将距离3米的蜡烛熄灭

第1次	第2次	第3次
□能　□不能	□能　□不能	□能　□不能

六、我想分享交流

1. 请载重能力最强的前三组同学进行展示。
2. 其余同学补充（我有补充、我有疑问、我有建议）。

七、我要总结和改进一下

1. 我觉得，我们作品的优点有＿＿＿＿＿＿＿＿＿＿＿＿＿＿＿＿，
缺点有＿＿＿＿＿＿＿＿＿＿＿＿＿＿＿＿＿＿＿＿＿＿＿＿＿。
2. 借鉴同学的作品，结合同学的建议，我们计划做一些改进：
＿＿＿＿＿＿＿＿＿＿＿＿＿＿＿＿＿＿＿＿＿＿＿＿＿＿。

八、拓展任务

1. 思考空气炮有哪些用途。
2. 利用大气压强的原理，设计一个小实验。

小手大世界

SMALL
HAND
BIG
WORLD

泡小天府创客校本课程

消噪小车

（插图作者：2022届6班 谷沛晨）

消噪小车

一、我的任务

1. 设计消噪小车

在校园里存在一个比较严重的噪音问题：当同学们上课时，偶尔会有送水果、面包的小车经过教室外面，小车发出的声响很大，会影响同学们的学习。今天，让我们一起来想想办法，帮助学校解决这个问题吧！

2. 成立团队

队长		队员2	
队员1		队员3	

二、我需要的知识

1. 噪声

噪声是声源进行无规则振动发出的声音。从生理学观点来看，凡是干扰人们休息、学习和工作的声音，即不需要的声音，统称噪声。

当噪声对人及周围环境造成不良影响时，就形成了噪声污染。

我国著名声学家马大猷教授曾总结和研究了国内外现有各类噪音的危害和标准，提出了三条建议：

（1）为保护人们的听力和身体健康，噪声允许值为75~90分贝。

（2）为保障交谈和通信联络，噪声的允许值为45~60分贝。

（3）在睡眠时间，噪声的允许值为35~50分贝。

2. 噪声控制

噪声包括噪声源、传声途径、受声者三个部分。控制噪声的措施就可以是针对这三个部分或其中任何一个部分进行的。

（1）控制噪声源。一是改进结构，提高部件的加工精度和装配质量，采用合理的操作方法等，以降低噪声源的噪声发射功率。二是利用声的吸收、反射、干涉等特性，采用吸声、隔声、减振、隔振等技术，以及安装消声器等措施，控制噪声源的噪声辐射。

（2）阻断噪声传播。在传声途径上降低噪声，控制噪声的传播，或改变噪声传播途径，如采用吸音、隔音、声屏障、隔振等措施，以及合理规划建筑布局等。

（3）在人耳处减弱噪声。当在噪声源和传声途径上无法采取措施，或采取措施仍不能达到预期效果时，就需要对受声者或受声器官进行防护。

三、我的任务分析表

队长组织队员，结合已准备的材料，一起讨论、设计作品，并绘制出消噪小车的设计图，标出每个部件的名称和作用。

四、准备材料，根据设计图逐步制作

材料清单

学生	旧衣服（或毛巾）、旧纸壳、餐巾纸、泡沫胶
教师	橡皮筋、棉花、透明大胶带、泡沫胶、剪刀、双面胶、记录单

五、我的测试计划

测试表

我们小组的测试位置：			
改造前	_____ 分贝		
改造后	第 1 次	第 2 次	第 3 次
	_____ 分贝	_____ 分贝	_____ 分贝
你们小组的设计：	（是/否）达到预期的降噪效果。		

六、我想分享交流

1. 请作品最优秀的前三组同学进行展示。
2. 其余同学补充（我有补充、我有疑问、我有建议）。

七、我要总结和改进一下

1. 我觉得，我们作品的优点有_____，
缺点有_____。
2. 借鉴同学的作品，结合同学的建议，我们计划做一些改进：
_____。

八、拓展任务

1. 生活中还有哪些噪声让你无法忍受？你觉得可以怎样解决？
2. 找一找，生活中还有哪些防治噪声的装置；想一想，工程师们采取了怎样的措施来解决噪声问题。

SMALL HAND BIG WORLD

泡小天府创客校本课程

快递薯片

（插图作者：2020届6班 王雯翁）

一、我的任务

1. 设计"有效、简单、实惠"的保护薯片的快递包装

有效：包装内的物品要完好无损。

简单：打开包装的方式简单，不需要使用专业工具。

实惠：所用材料的总价很低。

2. 成立团队

队长		队员2	
队员1		队员3	

二、我需要的知识

1. 常见材料及价格表

纸杯（2元）/个 　　气泡袋（2元）/个 　　塑料袋（1元）/个

塑料杯（5角）/个 　　泡沫板（1元）/块

报纸（5角）/张　　　吸管（1元）/支

卡纸（1元）/张　　小纸箱（2元）/个　　防震包（3.5元）/个

2. 减震原理

产品在包装容器中要固定牢靠，对于突出的易损部位要加以支撑，当同一包装容器中有多件产品时要进行有效隔离。由于产品的种类、形状、重量、价值、易损性等各不相同，对包装的要求也不尽相同，因此，要正确选择减震缓冲材料。另外，为了方便物流过程中的操作，快递包装结构应尽量简单，要便于开启包装和取出产品。

三、我的任务分析表

队长组织队员，结合已准备的材料，一起讨论、设计作品，并绘制出快递包装的设计图，标出每个部件的名称和作用。

四、准备材料，根据设计图逐步制作

材料清单

学生	胶带、剪刀等
教师	完整的薯片、气泡膜、塑料袋、卡纸、海绵、泡沫、吸管等

五、我的测试计划

测试表

	第1次	第2次	第3次	测试内容
堆码挑战	（　）层	（　）层	（　）层	测试堆码层数
震动挑战	（　）片	（　）片	（　）片	小组四人一队，传递并摇晃快递箱，计时1分钟
跌落挑战	（　）片	（　）片	（　）片	将快递箱从高处跌落5次，记录受损薯片数量。数量越少，包装越好
拆卸挑战	（　）秒	（　）秒	（　）秒	从包装好到完全打开，记录用时。用时越少，包装越好

评分表

评分标准	完好无缺	有裂纹或边缘缺损	分成两半	破碎但能数清碎片数量	无法数清碎片数量
得分	80分	60分	40分	20分	10分

注：薯片破碎程度以破碎最严重的为评测对象。

六、我想分享交流

1. 请包装效果最好的前三组同学进行展示。
2. 其余同学补充（我有补充、我有疑问、我有建议）。

七、我要总结和改进一下

1. 我觉得，我们作品的优点有_____，
缺点有_____。
2. 借鉴同学的作品，结合同学的建议，我们计划做一些改进：
_____。

八、拓展任务

1. 了解生活中有哪些减震材料。
2. 设计一个天猫精灵的快递包装盒。

小手大世界

SMALL
HAND
BIG
WORLD

泡小天府创客校本课程

百变魔法衣

（插图作者：2021届9班 周彦辰）

PAGE 43

一、我的任务

设计制作百变魔法衣

春秋两季早晚温差很大：穿厚一点，中午太热；穿薄一点，早晚太冷。所以，我们需要设计并制作一件百变魔法衣，可以早晚变厚，保暖，中午变薄，凉快。

二、我需要的知识

改变衣服保温程度的方法

（1）改变袖子的长短。

衣服袖子的分类大致如下图所示。

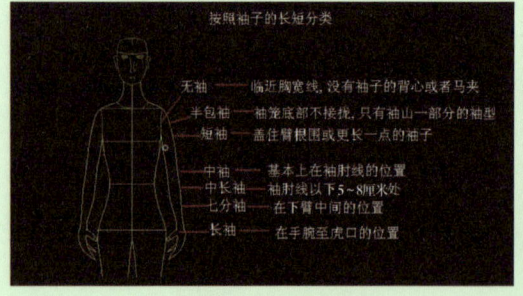

（2）改变衣服的厚度。

（3）改变衣摆的长短。
（4）改变透风度。
（5）改变面料。
（6）多加一个开口。

三、我的任务分析表

队长组织队员，结合已准备的材料，一起讨论、设计作品，并绘制出魔法衣的设计图，标出每个部件的名称和作用。

四、准备材料，根据设计图逐步制作

材料清单

学生	各色卡纸若干、废旧纽扣 3 颗、双面胶 1 卷、剪刀 1 把、尺子 1 套（含量角器、三角板、直尺）、废旧 T 恤 1 件、绳线 1 卷
教师	缝衣针 6 颗、暗扣若干、卡纸若干、双面胶若干、剪刀若干、尺子若干

五、我的测试计划

评价表

实用性	☐1 分	☐2 分	☐3 分	☐4 分	☐5 分
美观性	☐1 分	☐2 分	☐3 分	☐4 分	☐5 分
创意点	☐1 分	☐2 分	☐3 分	☐4 分	☐5 分

百变
魔法衣

六、我想分享交流

1. 请作品最优秀的前三组同学进行展示。
2. 其余同学补充（我有补充、我有疑问、我有建议）。

七、我要总结和改进一下

1. 我觉得，我们作品的优点有＿＿＿＿＿＿＿＿＿＿＿＿＿＿＿＿＿，
缺点有＿＿＿＿＿＿＿＿＿＿＿＿＿＿＿＿＿＿＿＿＿＿＿＿＿＿。
2. 借鉴同学的作品，结合同学的建议，我们计划做一些改进：
＿＿＿＿＿＿＿＿＿＿＿＿＿＿＿＿＿＿＿＿＿＿＿＿＿＿＿＿。

八、拓展任务

1. 美化你的魔法衣，并加入中国传统元素。
2. 准备班级时装秀，展示并解说你的魔法衣。

小手大世界
SMALL HAND BIG WORLD
泡小天府创客校本课程

玩转全息投影

（插图作者：2021届9班 杜春颖）

一、我的任务

1. 制作一个全息投影仪。
2. 成立团队

队长		队员2	
队员1		队员3	

二、我需要的知识

全息投影技术

也称为虚拟成像技术，可以记录并再现物体真实的三维图像。全息投影技术不仅可以产生立体的虚像，还可以使虚像与表演者互动，一起完成表演，展现令人震撼的演出效果。

三、我的任务分析表

队长组织队员，结合已准备的材料，一起讨论、设计作品，并绘制出全息投影仪的设计图，标出每个部件的名称和作用。

四、准备材料，根据设计图逐步制作

1. 材料清单

学生	亚克力板、美工刀、透明胶、直尺、黑色卡纸、硬纸板、剪刀、量角器
教师	全息投影视频源、手机或平板电脑

2. 制作步骤

（1）测量。

手机（平板电脑）的宽度=_____毫米

（2）计算。

等腰三角形底边长=手机（平板电脑）的宽度

顶角=70.5度

腰长=(底长×1/2)÷0.58=_____毫米

（3）作图，画4个等腰三角形，截取亚克力材料。

（4）制作四棱锥。根据现有材料搭设支撑架（高度约为底长的一半）。

五、我的测试计划

测试表

	效果		
第1次	□特别清晰	□清晰	□模糊
第2次	□特别清晰	□清晰	□模糊
第3次	□特别清晰	□清晰	□模糊

六、我想分享交流

1. 请作品最优秀的前三组同学进行展示。
2. 其余同学补充（我有补充、我有疑问、我有建议）。

七、我要总结和改进一下

1. 我觉得，我们作品的优点有_____，
缺点有_____。
2. 借鉴同学的作品，结合同学的建议，我们计划做一些改进：
_____。

八、拓展任务

1. 了解全息投影技术在生活中的运用。
2. 尝试把你生活中的图像制作成全息投影视频源，并分享给家人。

小手大世界

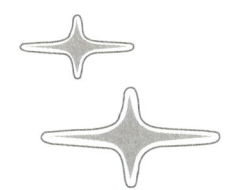

SMALL HAND BIG WORLD

泡小天府创客校本课程

简易电灯

（插图作者：2022届11班 沈泊宇 袁爱真）

PAGE 53

一、我的任务

1. 设计和组装电路，点亮一个小灯泡。
2. 成立团队

队长		队员2	
队员1		队员3	

二、我需要的知识

1. 认识材料

电池（1.5伏特）	
导线	
小灯泡	

2. 电灯泡组成部件

玻璃泡　灯丝
金属架　连接点（连接螺纹部分）
连接点（锡点）

3. 电学相关知识

（1）电阻。电子在金属导体中定向移动时，会与金属离子产生碰撞，对电子移动产生阻碍，这种阻碍作用最明显的特征是使导体发热（或发光）。物体对电流的这种阻碍作用，称为该物体的电阻。电阻元件的电阻值一般与温度以及导体材料的长度和横截面积有关。

（2）串联。即电路中的各个元件被导线逐次连接起来。将多节电池串联，可以增大电路的电压，使小灯泡更亮。

4. 石墨

石墨质软，黑灰色，有油腻感，可污染纸张。在隔绝氧气的条件下，石墨熔点在3000摄氏度以上，是最耐高温的矿物之一。石墨能导电、导热，在生活中多应用于制作铅笔芯、耐火材料、导电材料等。

三、我的任务分析表

队长组织队员，结合已准备的材料，一起讨论、设计作品，并绘制出灯泡的设计图，标出每个部件的名称和作用。

四、准备材料，根据设计图逐步制作

1. 材料清单

学生	锡箔纸、透明胶带、回形针、1号电池若干、透明玻璃瓶子（大、小各1个）
教师	铅笔芯

2. 参考制作方法

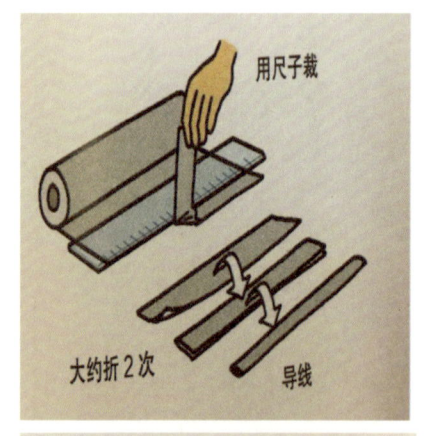

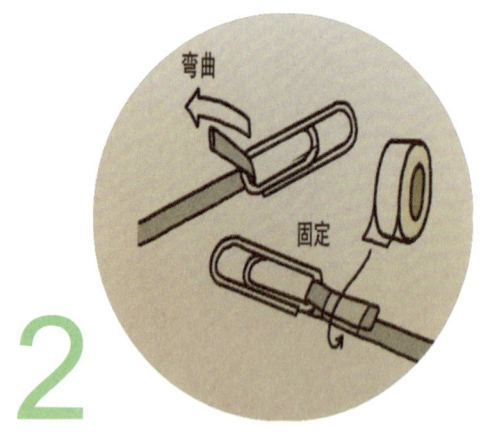

5 电池正、负极方向全部相同，注意不要弄错

6 把已经放好笔芯的 **4** 的瓶子上扣一个小瓶子(广口)

果酱瓶或酸奶瓶

有时笔芯会弹起来，所以一定要扣一个瓶子

▲注意事项：

1. 电池正、负极方向应全部相同。
2. 要扣上一个小瓶子，防止笔芯弹飞。
3. 笔芯和回形针很烫，不能触碰。

五、我的测试计划

测试表

第1次	第2次	第3次
□亮　□不亮	□亮　□不亮	□亮　□不亮

六、我想分享交流

1. 请作品最优秀的前三组同学进行展示。
2. 其余同学补充（我有补充、我有疑问、我有建议）。

七、我要总结和改进一下

1. 我觉得，我们作品的优点有 _____，
缺点有 _____。
2. 借鉴同学的作品，结合同学的建议，我们计划做一些改进：
_____。

八、拓展任务

1. 制作一个简易电灯并美化，做成可爱的小书灯或小台灯。
2. 利用本课学习的原理制作一个水果灯。

小手大世界
SMALL
HAND
BIG
WORLD
泡小天府创客校本课程

巧用导电笔

（插图作者：2021届8班　江文馨）

一、我的任务

观看教师演示。教师展示一支钢笔（在钢笔、主控板和音箱相连的地方做一些伪装），教师按钢笔时音箱会发出不同的声音。

根据教师的演示，设计制作一个可以发声的钢笔。

二、我需要的知识

1. 电路和开关

由电源（一般由电池充当）、用电器和闭合回路组成的一个电路叫作通路。在通路中，我们一般会加入开关来控制电路的通断。

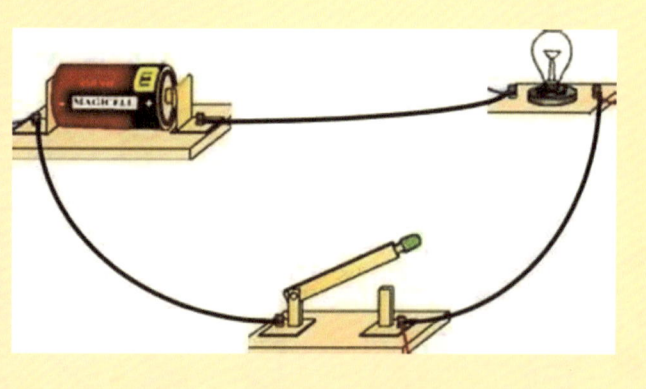

2. 人体的导电性

人体组织中含有大量的水分、矿物质和电解质，所以人体会导电。人体导电率的高低与皮肤的干湿程度有关，粗糙而干燥的皮肤电阻可达数万欧姆，细嫩而潮湿的皮肤电阻可降至800欧姆以下。人体的安全电压是36伏特，安全电流是10毫安。一节干电池的电压是1.5伏特，远远小于安全电压，所以我们可以放心使用。家用电器电压为220伏特，因此平时在家中一定要注意安全用电。

3. Touch Board 主控板的使用方法

结合器材自带的图文说明书，掌握 Touch Board 主控板的使用方

巧用导电笔

法。用导线将钢笔与E0连接，触摸钢笔后播放第一首音乐。

在本课中，我们可以将人体作为连接Touch board 和大地的导体，为主控板提供一个微弱信号，以达到开关的作用。

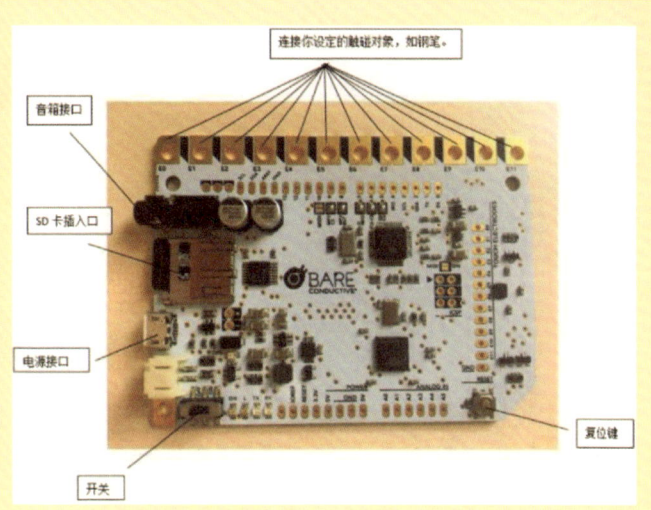

三、我的任务分析表

现在，你已经学会了使用Touch board的基本方法，利用它的这种特性，你能设计出一种新产品吗？例如，防止宠物逃跑的报警器、防止触碰的文物保护仪等。

队长组织队员，结合已准备的材料，一起讨论、设计作品，并绘制出作品的设计图，标出每个部件的名称和作用。

发现的问题	
作品名称	
作品功能	
材料	
设计方案（包括作品草图和电路图）	

PAGE 61

四、准备材料，根据设计图逐步制作

材料清单

学生	剪刀1把、铁钉1根、钢笔1支、双面胶1卷、移动电源（如充电宝）1个
教师	Touch Board 主控板1个、配套音箱1台、导电涂料1盒、导线若干、数据线1根、画笔1支、SD卡及读卡器1套、卡纸若干

五、我的测试计划

测试表

触摸第1次	触摸第2次	触摸第3次
☐成功　☐失败	☐成功　☐失败	☐成功　☐失败

六、我想分享交流

1. 请作品最优秀的前三组同学进行展示。
2. 其余同学补充（我有补充、我有疑问、我有建议）。

七、我要总结和改进一下

1. 我觉得，我们作品的优点有＿＿＿＿＿＿＿＿＿＿＿＿＿＿＿＿，
缺点有＿＿＿＿＿＿＿＿＿＿＿＿＿＿＿＿＿＿＿＿＿＿＿＿。
2. 借鉴同学的作品，结合同学的建议，我们计划做一些改进：
＿＿＿＿＿＿＿＿＿＿＿＿＿＿＿＿＿＿＿＿＿＿＿＿＿＿。

八、拓展任务

1. 使用 Touch Board 主控板，设计并制作一个宠物报警器。
2. 了解 Touch Board 主控板及其各个部件。

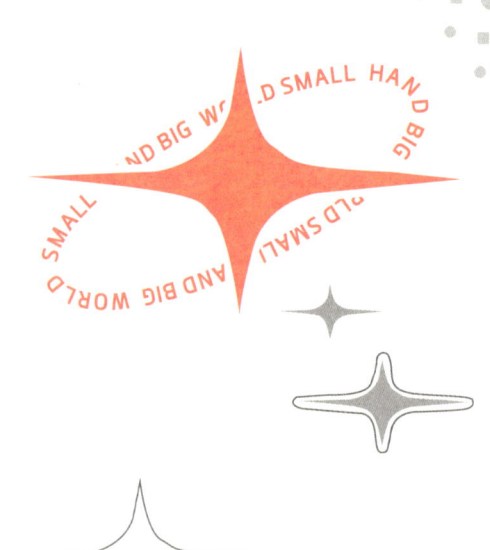

SMALL HAND BIG WORLD

泡小天府创客校本课程

萝卜塔

（插图作者：2022届7班 赖斯锐）

一、我的任务

设计一座高50cm的萝卜塔，画出图纸。根据设计图搭建高塔，并尝试搭建更高、更稳、更坚固的萝卜塔。

二、我需要的知识

1. 地震

又称为地动、地振动，是地壳快速释放能量过程中造成的振动，期间会产生一种叫地震波的自然现象。地震波分为横波和纵波。地球上板块之间相互挤压、碰撞，造成板块边沿及板块内部产生错动和破裂，是引起地震的主要原因。地震时根据地壳运动方向，可分为水平运动和垂直运动两种基本形式，垂直运动对建筑物的破坏性相对较小，而水平运动的破坏性相对较大。

2. 地震震动台

通过电机模拟地震横波和纵波，测试萝卜塔的稳定性和抗震性。

三、我的任务分析表

队长组织队员，结合已准备的材料，一起讨论、设计作品，并绘制出设计图，标出每个部件的名称和作用。

四、准备材料，根据设计图逐步制作

材料清单

学生	小刀1把、白萝卜1根、牙签1包（300根）、皮尺1把
教师	皮尺1把、各种高塔图片

五、我的测试计划

测试表

尺寸要求	不满足目标高度（1分）	满足目标高度（2分）	高度最高（3分）
材料用量	用量最多（1分）	用量较少（2分）	用量最少（3分）
防震强度测试（30秒）	震动强度1～3（1分）	震动强度4（2分）	震动强度5（3分）
展示	1人汇报，表达不够完整清晰（1分）	1～2人汇报，表达较完整清晰（2分）	小组成员分工汇报，表达完整清晰（3分）

六、我想分享交流

1. 请作品最优秀的前三组同学进行展示。
2. 其余同学补充（我有补充、我有疑问、我有建议）。

七、我要总结和改进一下

1. 我觉得，我们作品的优点有_____，缺点有_____。
2. 借鉴同学的作品，结合同学的建议，我们计划做一些改进：_____。

八、拓展任务

找一找生活中见到的塔，画一画它的结构。你的萝卜塔和生活中的塔在结构上有哪些不同？

小手大世界
SMALL HAND BIG WORLD
泡小天府创客校本课程

小球争高

（插图作者：2020届5班 李彦臻）

一、我的任务

1. 使用若干乒乓球和 1 张 A4 纸，设计制作一个尽可能高的稳定结构，结构最高的小组获胜。

要求1：乒乓球使用数量没有限制，但不少于2个；

要求2：结构中两个乒乓球之间的距离不得大于20厘米。

2. 成立团队

队长		队员2	
队员1		队员3	

二、我需要的知识

1. 使用游标卡尺测量外径、内径、深度

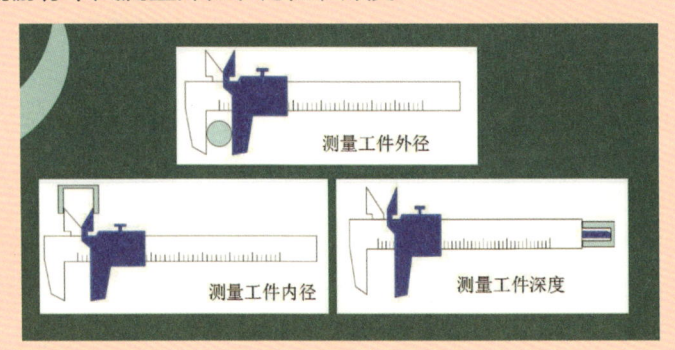

2. 游标卡尺的使用方法和读数

（1）游标卡尺的结构：游标卡尺是一种被广泛使用的高精度测量工具，由主尺和附在主尺上能滑动的游标两个部分构成。

（2）游标卡尺的使用方法：游标卡尺的读数装置由尺身和游标两个

部分组成，当尺框上的活动测量爪与尺身上的固定测量爪贴合时，尺框上游标的"0"刻线（简称游标零线）与尺身的"0"刻线对齐，此时测量爪之间的距离为零。测量时需要尺框向右移动到某一位置，这时活动测量爪与固定测量爪之间的距离就是被测尺寸。

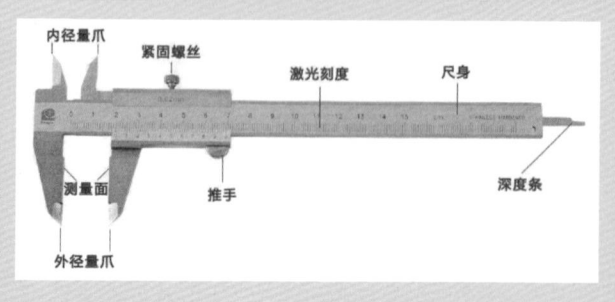

（3）游标卡尺读数。

读数时可分为三步：

①先读整数——看游标零线的左边，尺身上最靠近的一条刻线的数值，读出被测尺寸的整数部分。

②再读小数——看游标零线的右边，数出游标刻线与尺身刻线对齐的数值，读出被测尺寸的小数部分。

③得出被测尺寸——把两次读数的整数部分和小数部分相加，就是卡尺的所测尺寸。

（4）如果游标零线与尺身上表示30毫米的刻线正好对齐，说明被测尺寸是30毫米。如果游标零线在尺身上指示的尺数值比30毫米大一点，这时被测尺寸的整数部分为30毫米，可从游标零线左边的尺身刻线上读出来（图中箭头所指刻线），小数部分则借助游标读出来，图中所指游标刻线为0.70毫米，二者之和为被测尺寸30.70毫米。

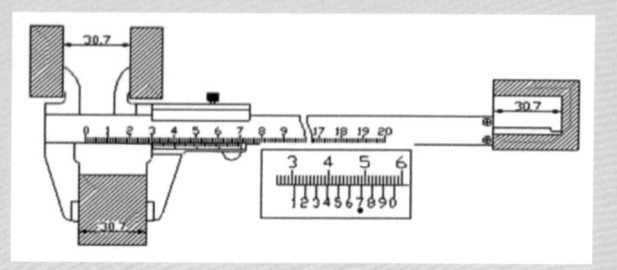

3. 常见的结构

埃菲尔铁塔　　　东方明珠塔　　　台北101大楼

这些高大的建筑不仅要保证结构不变形，还要保持直立不倒。观察它们的形状和结构，是哪些特点使它们不容易倒？把猜想写下来。

三、我的任务分析表

队长组织队员，结合已准备的材料，一起讨论、设计作品，并绘制出作品的设计图，标出每个部件的名称和作用。

四、准备材料，根据设计图逐步制作

材料清单

学生	A4纸1张、安全剪刀1把
教师	乒乓球若干个

五、我的测试计划

测试表

最高小球距离地面的高度

第1次	第2次	第3次
（ ）厘米	（ ）厘米	（ ）厘米

六、我想分享交流

1. 请结构最高的前三组同学进行展示。
2. 其余同学补充（我有补充、我有疑问、我有建议）。

七、我要总结和改进一下

1. 我觉得，我们作品的优点有 _____，
缺点有 _____。
2. 借鉴同学的作品，结合同学的建议，我们计划做一些改进：
_____。

八、拓展任务

1. 趣味探索：将1张A4纸卷成纸筒，它的最大承重是多少？
2. 趣味挑战：1张A4纸最多能围住多少人？

SMALL HAND BIG WORLD

泡小天府创客校本课程

创意建桥

（插图作者：2021届10班 王语晨 胡烜）

PAGE 73

一、我的任务

1. 用给定的材料建桥，桥高不低于 20 厘米，跨度不小于 30 厘米，桥宽不小于 10 厘米，承重至少 2 盒砝码。
2. 成立团队

队长		队员2	
队员1		队员3	

二、我需要的知识

1. 跨度

两个桥墩之间的距离。

2. 常见桥梁结构

拱桥	 利用拱形结构的特点，当拱形部位承载重量时，能把压力向下和向外传递给相邻的部分，拱形各部分相互挤压，结合得更加紧密。拱形受压会产生一个向外推的力，抵住了这个力，拱就能承载很大的重量
平桥	 平桥，没有弧度的桥，主要以桥墩和桥面承重，跨径小，桥下过水面积小，不便于通航和泄洪

创意建桥

桁架桥	 采用桁架结构，所用材料少，跨度大，桥梁稳固，承重能力强
斜拉桥	 由索塔、主梁、斜拉索组成，是大跨度桥梁最主要的桥型。斜拉索是桥承重的主要构件，索塔是支承斜拉索的主要构件。索塔修得高，是为了降低斜拉索的拉力，通过两侧对称斜拉索将力传递给索塔下的桥墩

三、我的任务分析表

队长组织队员，结合已准备的材料，一起讨论、设计桥梁，并绘制出设计图，标出每个部件的名称和作用。

PAGE 75

四、准备材料，根据设计图逐步制作

材料清单

学生	A4纸15张、胶水1瓶、剪刀1把
教师	各种形状、结构的桥梁资料，直尺1把，钩码10盒

五、我的测试计划

测试表

第1次	第2次	第3次
（ ）克	（ ）克	（ ）克

六、我想分享交流

1.请作品最优秀的前三组同学进行展示。

2.其余同学补充（我有补充、我有疑问、我有建议）。

七、我要总结和改进一下

1. 我觉得，我们作品的优点有＿＿＿＿＿＿＿＿＿＿＿＿＿＿＿＿＿＿，

缺点有＿＿＿＿＿＿＿＿＿＿＿＿＿＿＿＿＿＿＿＿＿＿＿＿＿＿＿。

2. 借鉴同学的作品，结合同学的建议，我们计划做一些改进：

＿＿＿＿＿＿＿＿＿＿＿＿＿＿＿＿＿＿＿＿＿＿＿＿＿＿＿＿＿。

八、拓展任务

1. 观察你生活的城市中有哪些桥，请画下来并查资料，了解它是什么结构，这种结构的桥有什么特点。

2. 用生活中能找到的材料搭建你喜欢的桥梁模型。

小手大世界

SMALL HAND BIG WORLD

泡小天府创客校本课程

下雨报警器

（插图作者：2021届10班 王语晨 胡烜）

泡小天府创客校本课程
SMALL HAND BIG WORLD

一、我的任务

1. 设计并制作一个下雨报警器，当检测到下雨时，立即通过蜂鸣器报警。

2. 成立团队

队长		队员2	
队员1		队员3	

二、我需要的知识

1. 蜂鸣器

通电后能够报警的一种电路元件。通常长的一端为正极"+"，短的一端为负极"-"。

2. 电解质

在水中或者熔化后能导电的物质（通常含有金属元素），如食盐（主要成分为氯化钠）、小苏打（主要成分为碳酸氢钠）等。

3. 导体

能够导电的物体，如大多数金属。电解质溶液也能算作导体。

4. 绝缘体

不容易导电的物体，如木头、橡胶等。

三、我的任务分析表

队长组织队员，结合已准备的材料，一起讨论、设计作品，并绘制出作品的设计图，标出每个部件的名称和作用。

四、准备材料，根据设计图逐步制作

材料清单

教师	蜂鸣器、电池、电池盒、导线、锡箔纸、纸板、喷水瓶、食盐、剪刀、双面胶、白纸

五、我的测试计划

测试表

	遇到的问题	解决办法
第1次测试		

	遇到的问题	解决办法
第2次测试		
第3次测试		

六、我想分享交流

1. 请作品最优秀的前三组同学进行展示。
2. 其余同学补充（我有补充、我有疑问、我有建议）。

七、我要总结和改进一下

1. 我觉得，我们作品的优点有＿＿＿＿＿＿＿＿＿＿＿＿＿＿，
缺点有＿＿＿＿＿＿＿＿＿＿＿＿＿＿＿＿＿＿＿＿＿。
2. 借鉴同学的作品，结合同学的建议，我们计划做一些改进：
＿＿＿＿＿＿＿＿＿＿＿＿＿＿＿＿＿＿＿＿＿＿＿＿＿。

八、拓展任务

1. 想一想：利用今天学习的下雨报警器的原理，你还可以用来解决生活中的哪些问题？
2. 查询资料，了解哪些材料是导体，哪些材料是绝缘体。

小手大世界

SMALL
HAND
BIG
WORLD

泡小天府创客校本课程

任务选择器

任务选择器

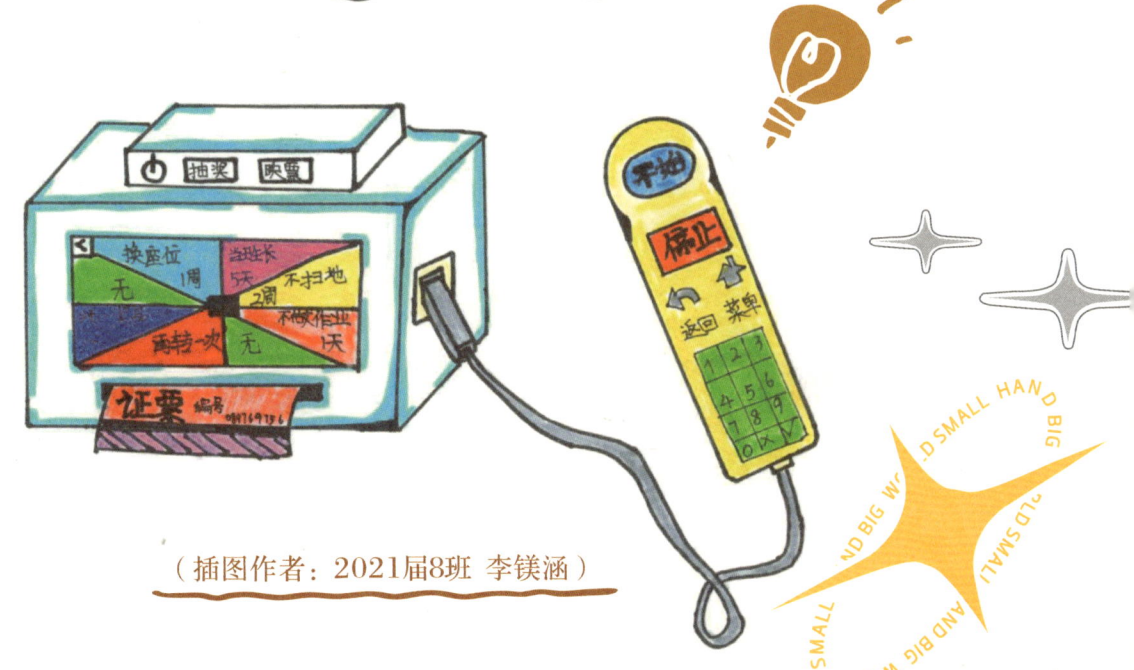

（插图作者：2021届8班 李镁涵）

一、我的任务

1. 制作任务选择器

生活中，我们经常会"做选择"，如安排家务、分发物品等。今天我们来设计并制作一个任务选择器，可以帮助我们选择任务。

2. 成立团队

团队名称：_____.

职 位	职 责	姓 名
产品经理	带领团队，计算成本，为产品定价	
设计师	产品设计	
程序师	程序设计	
营销师	推销产品	

二、我需要的知识

1. 舵机

舵机是一种位置（角度）伺服的驱动器，适用于需要角度不断变化并可以保持的控制系统。在 mBlock 中通过 `设置舵机引脚 9 输出角度为 90` 命令模块设置舵机的角度（可设置的范围是 0度~180度）。

2. 按钮传感器

按钮传感器又称为按钮开关（简称按钮），它有两种状态：一是按下的状态，二是没有按下的状态。在 mBlock 中，可以通过检查连接端口的返回值来判断按钮的触发。

三、我的任务分析表

　　队长组织队员，结合已准备的材料，一起讨论、设计任务选择器，并绘制出任务选择器的设计图，标出每个部件的名称和作用。

四、准备材料，根据设计图逐步制作

材料清单

学生	水彩笔、纸盒、尺子、笔、充电宝、彩色卡纸、双面胶、剪刀、刻刀
教师	冰糕棒、电脑、Ardiuno 器材（主控板、杜邦线、按钮、舵机、数据线）、A4 纸、热熔胶、胶枪

五、我的测试计划

测试表

第 1 次	第 2 次	第 3 次
☐成功 ☐失败	☐成功 ☐失败	☐成功 ☐失败

六、我想分享交流

1. 请作品最优秀的前三组同学进行展示。
2. 其余同学补充（我有补充、我有疑问、我有建议）。
3. 全部学生投票选择自己喜欢的产品，1票等于购买 10 个产品。
4. 产品经理带领成员核算产品总利润并汇报，最后公布排名。

七、我要总结和改进一下

1. 我觉得，我们作品的优点有_____，
缺点有_____。
2. 借鉴同学的作品，结合同学的建议，我们计划做一些改进：
_____。

八、拓展任务

1. 使用 Ardiuno 器材，帮助班级制作抽奖转盘，有进步的学生抽奖获得奖品。
2. 组织活动时，使用Ardiuno器材在班级选人，进行才艺展示。

SMALL HAND BIG WORLD

泡小天府创客校本课程

创意音乐盒

（插图作者：2022届12班 高子淇）

一、我的任务

1. 生日礼物

通过角色扮演，从同理心的角度分析和设计产品。

今天，我们小小产品工程师接到了一个任务，为小明的妈妈设计一款和音乐相关的生日礼物。

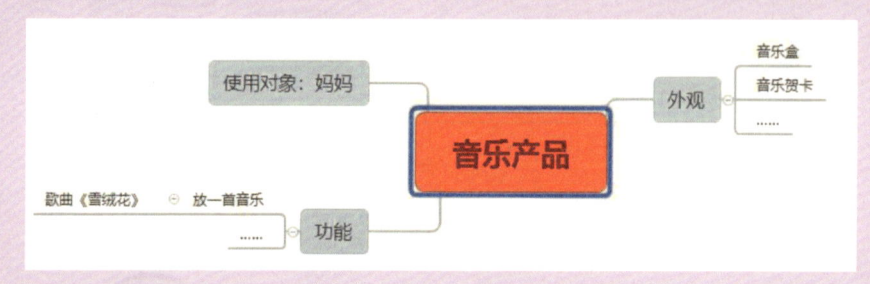

```
使用对象：妈妈 ─┐                 ┌─ 外观 ─┬─ 音乐盒
                │                 │        ├─ 音乐贺卡
                ├─ 音乐产品 ──────┤        └─ ……
                │                 │
歌曲《雪绒花》─┐│                 └─ 功能 ─┬─ 放一首音乐
……           ─┴─ 功能              
```

2. 成立团队

产品经理（带领团队）	
技术师（程序设计）	
设计师（设计产品）	
营销师（推销产品）	

二、我需要的知识

1. 蜂鸣器

蜂鸣器是一种一体化结构的电子讯响器，采用直流电压供电，作发声器件，广泛应用于计算机、打印机、复印机、报警器、电子玩具、汽车电子设备、电话机、定时器等电子产品。

2. 按钮开关

电平	高	低
电压	5伏特/3伏特	0伏特/GND
逻辑	真	假
开关状况	开（按下）	关（弹起）
数值	1	0

3. 唱名、音名与音域对照表

唱名	do	re	mi	fa	so	la	xi
音名	C	D	E	F	G	A	B
音区	数字越大，音区越高							

雪绒花

播放引脚 8 音调为 E5 节拍为 整拍
播放引脚 8 音调为 G5 节拍为 二分之一
播放引脚 8 音调为 D6 节拍为 双拍
播放引脚 8 音调为 C6 节拍为 整拍
播放引脚 8 音调为 G5 节拍为 二分之一
播放引脚 8 音调为 F5 节拍为 双拍
播放引脚 8 音调为 E5 节拍为 整拍
播放引脚 8 音调为 E5 节拍为 二分之一
播放引脚 8 音调为 E5 节拍为 二分之一
播放引脚 8 音调为 F5 节拍为 二分之一
播放引脚 8 音调为 G5 节拍为 二分之一
播放引脚 8 音调为 A5 节拍为 双拍
播放引脚 8 音调为 G5 节拍为 双拍

三、我的任务分析表

队长组织队员，结合已准备的材料，一起讨论、设计作品，并绘制出作品的设计图，标出每个部件的名称和作用。

四、准备材料，根据设计图逐步制作

材料清单

学生	水彩笔、纸盒子、尺子、笔、充电宝、双面胶、剪刀、小刀
教师	冰糕棒、电脑、Adiuno器材（主控板、杜邦线、按钮、蜂鸣器、数据线）、彩色卡纸、热熔胶、胶枪

1. 设计师和营销师：根据产品的设计，动手制作产品。
2. 程序师和产品经理：根据产品的设计，不断进行调试，用程序实现需要的效果。
3. 全部成员：合成产品，完成产品的组装。

五、我的测试计划

测试表

第1次	第2次	第3次
□能播放音乐　□不能播放音乐	□能播放音乐　□不能播放音乐	□能播放音乐　□不能播放音乐

六、我想分享交流

1. 请作品最优秀的前三组同学进行展示。
2. 其余同学补充（我有补充、我有疑问、我有建议）

七、我要总结和改进一下

1. 我觉得，我们作品的优点有 _____ ，
缺点有 _____ 。
2. 借鉴同学的作品，结合同学的建议，我们计划做一些改进：
_____ 。

八、拓展任务

1. 你还能用蜂鸣器设计制作出其他产品吗？
2. 尝试在软件中利用频率与音符的对应关系编制出你最喜欢的一首歌。

小手大世界

SMALL
HAND
BIG
WORLD

泡小天府创客校本课程

智能台灯

（插图作者：2021届4班 王馨然）

一、我的任务

1. 设计并制作一个智能台灯，当环境光线较强时，调低台灯亮度；当环境光线较弱时，调高台灯亮度。

2. 成立团队

职位	职责	姓名
产品经理	明确目标，检测产品	
设计师	产品外观设计	
程序师	程序设计	
营销师	推销产品	

二、我需要的知识

1. 照度

照度一般指光照强度，是指单位面积上所接受可见光的能量，单位为勒克斯（lx），用于指示光照的强弱。

场所	参考平面及高度	照度标准值（lx）
家庭客厅或居室	水平面0.75米	100
家庭书房	水平面0.75米	300（宜用混合照明）
餐厅	餐桌面0.75米	150
图书馆、普通办公室、超市营业厅	水平面0.75米	300

场所	参考平面及其高度	照度标准值（lx）
医院候诊室、挂号厅	水平面0.75米	200
学校教室	课桌面	300
学校教室黑板	黑板面	500

2. 半导体

半导体（semiconductor）指常温下导电性能介于导体（conductor）与绝缘体（insulator）之间的材料。半导体在收音机、电视机以及测温仪上有着广泛的应用。

3. 光敏电阻

光敏电阻是利用半导体的光电导效应制成的一种电阻值随入射光的强弱而改变的电阻器。入射光强，电阻减小；入射光弱，电阻增大。还有另一种入射光弱，电阻减小，入射光强，电阻增大。

三、我的任务分析表

队长组织队员，结合已准备的材料，一起讨论、设计智能台灯，并绘制出智能台灯的设计图，标出每个部件的名称和作用。

智能台灯

四、准备材料，根据设计图逐步制作

材料清单

学生	水彩笔、纸盒子、尺子、笔、彩色卡纸、双面胶、剪刀、刻刀等
教师	电脑、Adiuno 器材（主控板、杜邦线、光敏电阻、LED灯、数据线）、A4 纸、热熔胶、胶枪

五、我的测试计划

评价表

解决了问题	☆☆☆☆☆
产品演示成功	☆☆☆☆☆
美观	☆☆☆☆☆
小组团结合作	☆☆☆☆☆

六、我想分享交流

1. 请作品最优秀的前三组同学进行展示。
2. 其余同学补充（我有补充、我有疑问、我有建议）。

七、我要总结和改进一下

1. 我觉得，我们作品的优点有_____，
缺点有_____。
2. 借鉴同学的作品，结合同学的建议，我们计划做一些改进：
_____。

八、拓展任务

1. 家用按钮开关的台灯还有哪些缺点？请针对一个缺点设计解决方案。
2. 光敏电阻可以实现"光线强的时候光也强，光线弱的时候光也弱"的功能吗？想一想：生活中在哪些情况下会用到这种功能？（请举例说明）

小手大世界

SMALL
HAND
BIG
WORLD

泡小天府创客校本课程

拆弹专家

拆弹专家

（插图作者：2021届6班 吴语薇）

泡小天府创客校本课程

一、我的任务

1. 制作一个"炸弹"，根据 LED 灯信号学习密码表，并根据密码表练习拆弹。
2. 成立团队

职位	职责	姓名
队长	学习、实战指挥官	
操作手	炸弹的制作	
接线手	负责各部分的连接	
拆弹手	负责炸弹的拆除	

二、我需要的知识

主控器	相当于人的大脑，支配各执行机构去完成规定的运动和功能
传感器扩展板	通过连接线把各种器件接插到扩展板上，快速搭建出自己的项目
LED 灯	能够将电能转化为可见光的固态半导体器件
蜂鸣器	一种一体化结构的电子讯响器，采用直流电压供电，广泛应用于电子产品中作发声器件
舵机	一种位置（角度）伺服的驱动器，使信号转化为转矩和转速以驱动控制对象

三、我的任务分析表

队长组织队员，结合已准备的材料，一起讨论、设计作品，并绘制出作品的设计图，标出每个部件的名称和作用。

四、准备材料，根据设计图逐步制作

材料清单

学生	梅花螺丝刀、美工刀、中性笔、胶水、剪刀
教师	拆弹专家套件、电脑、课件

五、我的测试计划

测试表

	第1次	第2次	第3次
拆除时间	（　　）秒	（　　）秒	（　　）秒

六、我想分享交流

1. 请作品最优秀的前三组同学进行展示。
2. 其余同学补充（我有补充、我有疑问、我有建议）。

七、我要总结和改进一下

1. 我觉得，我们作品的优点有＿＿＿＿＿＿＿＿＿＿＿＿＿＿＿＿＿，
缺点有＿＿＿＿＿＿＿＿＿＿＿＿＿＿＿＿＿＿＿＿＿＿＿＿＿＿＿。
2. 借鉴同学的作品，结合同学的建议，我们计划做一些改进：
＿＿＿＿＿＿＿＿＿＿＿＿＿＿＿＿＿＿＿＿＿＿＿＿＿＿＿＿＿。

八、拓展任务

1. 使用 Adiuno 器材，自己设计炸弹密码。
2. 利用材料制作"智能门锁"，根据密码表开门。